50 CHOSES

A FAIRE

EN COUPLE

CHALLENGE

PRENDRE UNE PHOTO DE VOUS TOUS LES JOURS
PENDANT 1 AN

VOTRE EXPERIENCE

CHALLENGE

VOUS BAIGNER DANS UN JACUZZI EN NORVÈGE

VOTRE EXPERIENCE

CHALLENGE

FAIRE UNE JOURNÉE « SHOPPING ILLIMITÉ »

VOTRE EXPERIENCE

CHALLENGE

MANGER AU RESTO AU MOINS UNE FOIS PAR MOIS...

VOTRE EXPERIENCE

CHALLENGE

... ET TESTER TOUS LES PLATS DE LA CARTE DE
VOTRE RESTO PRÉFÉRÉ

VOTRE EXPERIENCE

CHALLENGE

LAISSER DES MESSAGES POUR LES FUTURS
LECTEURS DANS DES LIVRES À LA LIBRAIRIE

VOTRE EXPERIENCE

CHALLENGE

VOUS FAIRE TATOUER ENSEMBLE

VOTRE EXPERIENCE

CHALLENGE

ALLER À LA PATINOIRE

VOTRE EXPERIENCE

CHALLENGE

ASSISTER À UN COUCHER DE SOLEIL

VOTRE EXPERIENCE

CHALLENGE

VOUS PAYER UNE CHAMBRE DE LUXE DANS UN HÔTEL

VOTRE EXPERIENCE

Encore 40 !

CHALLENGE

ADOPTER UN ANIMAL

VOTRE EXPERIENCE

CHALLENGE

FAIRE UN TOUR DE MONTGOLFIÈRE

VOTRE EXPERIENCE

CHALLENGE

JOUER À CACHE-CACHE CHEZ IKEA

VOTRE EXPERIENCE

CHALLENGE

VOUS EMBRASSER DEVANT LA TOUR EIFFEL

VOTRE EXPERIENCE

CHALLENGE

ALLER DANS UN AÉROPORT ET PRENDRE LE
PROCHAIN VOL

VOTRE EXPERIENCE

CHALLENGE

FAIRE UNE CROISIÈRE

VOTRE EXPERIENCE

CHALLENGE

PASSER UNE NUIT DANS UNE MAISON SUR PILOTIS

VOTRE EXPERIENCE

CHALLENGE

VOUS LAISSER DES PETITS MOTS LE MATIN

VOTRE EXPERIENCE

CHALLENGE

FAIRE UN STRIP-TEASE EN MÊME TEMPS

VOTRE EXPERIENCE

CHALLENGE

ALLER AU CINÉ CHAQUE SEMAINE

VOTRE EXPERIENCE

Encore 30 !

CHALLENGE

VOUS REGARDER DE LONGUES MINUTES DANS LES YEUX

VOTRE EXPERIENCE

CHALLENGE

FAIRE DU CANOË SUR LE RIO GRANDE

VOTRE EXPERIENCE

CHALLENGE

VOUS FAIRE FAIRE UN MASSAGE ENSEMBLE

VOTRE EXPERIENCE

CHALLENGE

EMMENER VOTRE CHÉRI(E) AU CONCERT DE SON GROUPE PRÉFÉRÉ

VOTRE EXPERIENCE

CHALLENGE

FAIRE DU SPORT ENSEMBLE

VOTRE EXPERIENCE

CHALLENGE

PRENDRE UN BAIN ENSEMBLE

VOTRE EXPERIENCE

CHALLENGE

VOUS ÉCRIRE DES LETTRES

VOTRE EXPERIENCE

CHALLENGE

VOUS ENGAGER DANS UNE ASSOCIATION

VOTRE EXPERIENCE

CHALLENGE

VOUS FAIRE DES PETITS-DEJ AU LIT

VOTRE EXPERIENCE

CHALLENGE

TESTER TOUTES LES POSITIONS DU KAMASUTRA

VOTRE EXPERIENCE

Encore 20 !

CHALLENGE

APPRENDRE À DANSER LE ROCK

VOTRE EXPERIENCE

CHALLENGE

FAIRE UNE SOIRÉE À LA BOUGIE (OU PRESQUE)

VOTRE EXPERIENCE

CHALLENGE

VOUS FAIRE DES SURPRISES SANS OCCASION PARTICULIÈRE

VOTRE EXPERIENCE

CHALLENGE

FAIRE UN BONHOMME DE NEIGE

VOTRE EXPERIENCE

CHALLENGE

PARTIR EN RANDO GÉANTE

VOTRE EXPERIENCE

CHALLENGE

ALLER VOIR UNE VOYANTE

VOTRE EXPERIENCE

CHALLENGE

VOUS FAIRE DES « LAZY-DAY »

VOTRE EXPERIENCE

CHALLENGE

VOUS DIRE « JE T'AIME » LE PLUS POSSIBLE

VOTRE EXPERIENCE

CHALLENGE

FAIRE UNE DÉGUSTATION DE VIN

VOTRE EXPERIENCE

CHALLENGE

ESCALADER UNE MONTAGNE

VOTRE EXPERIENCE

Encore 10 !

CHALLENGE

ESSAYER LA VOITURE LA PLUS CHÈRE CHEZ UN CONCESSIONNAIRE DE LUXE

VOTRE EXPERIENCE

CHALLENGE

FAIRE DES PIQUE-NIQUES

VOTRE EXPERIENCE

CHALLENGE

VOUS FAIRE CONSTRUIRE VOTRE PROPRE MAISON

VOTRE EXPERIENCE

CHALLENGE

FAIRE LE TOUR DE FRANCE EN VÉLO

VOTRE EXPERIENCE

CHALLENGE

VOUS MARIER

VOTRE EXPERIENCE

CHALLENGE

ALLER A L'OPERA

VOTRE EXPERIENCE

CHALLENGE

VOUS EMBRASSER SOUS L'EAU

VOTRE EXPERIENCE

CHALLENGE

FAIRE UNE SÉANCE PHOTO CHEZ UN PRO

VOTRE EXPERIENCE

CHALLENGE

AVOIR UN ENFANT

VOTRE EXPERIENCE

CHALLENGE

VIVRE HEUREUX POUR TOUJOURS

VOTRE EXPERIENCE

Félicitations !
Vous êtes un couple
merveilleux.

Et une photo...
pour célébrer
ce moment !